KB054872

새는 왜 날개를 가지고 있을까?

POURQUOI LES OISEAUX ONT-ILS DES AILES?
by Anne Teyssédre

민음 바칼로레아 048

새는 왜 날개를 가지고 있을까?

안느 테세드르 ｜ 민미숙 감수 ｜ 정은비 옮김

민음in

● 일러두기

1 본문 가장자리에 있는 사과 🍎 는 이 책을 통해 반드시 이해해야 하는
  핵심 개념을 표시한 것입니다.
2 본문 아래쪽의 주는 독자들이 본문 내용을 쉽게 이해할 수 있도록 한국어판에 특별히 붙인 것입니다.
3 인명 및 지명 표기는 한글 맞춤법 통일안 및 외래어 표기 규정을 따랐습니다.
4 본문에 사용한 부호 및 기호의 뜻은 다음과 같습니다.
  ─ 전집, 단행본: 『 』
  ─ 신문, 잡지: 〈 〉
  ─ 개별 작품, 논문, 기사: 「 」

질문 : 새는 왜 날개를 가지고 있을까?

새들은 왜 날개가 있을까? 날기 위해서? 대부분의 경우는 그렇다. 그러나 모든 새가 그렇지는 않다. 예를 들어 타조나 펭귄은 새인데도 날지 않는다.

실제로 이 질문은 여러 의미로 해석할 수 있다. 따라서 이 질문에 답하기는 그리 간단하지 않다. 이것은 날개의 기원을 묻는 것일 수도 있고, 날개의 기능에 관한 질문일 수도 있기 때문이다. 어떤 사람은 현생 조류가 날개를 가지게 된 것은 당연히 그들 조상에게서 날개를 물려받았기 때문이 아니냐고 반문할 것이다. 물론이다. 그러나 새의 조상이 날개를 어떤 용도로 썼는지 알 수 없으나, 현생 조류에까지 이르는 동안 날개의 기능이 점차 변하고 다양해졌을 것이라는 사실은 분명해 보인다.

이에 관해서는 이미 140년 전에 다윈°이 잘 설명한 바 있다. 다윈은 종°이 대를 이어가면서 자연선택 작용에 의해 분화한다고 주장했다. 다윈의 주장에 따르면, 동물은 같은 종이라 해도 몸의 구조와 기능, 습성에서 개체마다 조금씩 차이가 나며, 유성 생식을 하는 동물들은 번식을 통해 그런 형질을 자손에게 전달한다. 또한 생존에 유리한 조건을 갖춘 개체는 환경에 더 잘 적응하여 평균적으로 더 많은 자손을 남긴다. 그리고 그 자손들은 이 유리한 형질을 물려받는다.

🍎 **자연선택**은 적응력이 높은 개체가 번식률도 높다는 것을 전제한다. 그래서 세대가 흐름에 따라 자연선택은 생존과 번식에 적합한 유전적 특성을 보존하게 된다. 더 정확하게 말하면, 다

●●●

찰스 다윈(1809~1882) 영국의 생물학자. 저서 『자연선택에 의한 종의 기원에 관하여』와 『인간의 유래 및 성(性)에 관한 선택』에서 진화론을 체계적으로 주장했으며, 현대의 자연관과 세계관에 큰 영향을 끼쳤다.
종 생물을 분류하는 기본 단위를 말한다. 종의 개념은 생물학의 발전과 함께 형태적 종에서 생물학적 종으로 변화해 왔다. 형태적 종은 18세기 스웨덴의 식물학자 린네가 확립한 분류법으로, 외부 형태가 비슷한 특징을 갖는 생물체를 같은 종으로 취급하는 것을 말한다. 그런데 과학의 발달과 함께 진화론이 널리 인정됨에 따라 생물은 오랜 세월이 흐르는 동안 형태가 달라질 수 있다고 생각하게 되었다. 그래서 오늘날에는 자연 상태에서 자유로이 교배하며, 생식 능력이 있는 자손을 낳는 무리를 규정하는 생물학적 종을 일반적으로 따르고 있다.

음 세대로 전달하면 좋을 변이만 보존하고 불리한 변이는 제거하는 것이다. 어떤 것이 유리한 특성인가는 종과 환경에 따라 다르다. **적응**이란 그러한 유리한 형질을 가지게 되는 것을 말하며, 공간과 시간에 따라 그 방식이 달라진다.

진화는 집안을 꾸미거나 집을 수리하는 것과 비슷하다. 계속 변화를 주고, 재활용하고, 확 뜯어고치기도 하고, 쓰지 않던 물건을 꺼내 다른 용도로 사용하기도 한다. 새의 날개도 마찬가지다. 날개 같은 복잡한 기관은 몇 세대 만에 갑작스레 만들어지지 않는다. 새의 조상이 최초의 날개, 또는 날개의 어렴풋한 형태를 가지게 된 것은 비행이 아닌 다른 목적 때문이었을 것이다. 최초의 새에 이르러 비로소 그것은 날기 위한 도구로 쓰이게 된다. 이른바 깃털 달린 다리를 물려받은 후손들은 자신이 처한 생존 환경에 가장 알맞게 그것을 사용했다. 오늘날 많은 새들이 날개를 날기 위한 도구로 사용하고 있으나, 일부는 헤엄을 치거나 과시 행동°을 하는 데 날개를 쓰는 것을 볼 수 있다. 또 키위새°처럼 날개가 퇴화되어 전혀 쓰이지 않는

●　●　●

과시 행동 동물이 위협이나 구애를 할 때 보이는 신호 행동. 수컷 공작은 구애를 할 때 꽁지깃을 펼쳐서 보이고, 목도리도요는 날개를 퍼덕거리면서 북치는 소리를 낸다.

경우도 있다.

이제 처음에 던진 질문을 좀 더 단순화한 세 가지 질문으로 나누어 살펴보도록 하자.

첫째, 새의 날개와 비행의 기원은 무엇일까?

현생 척추동물과 화석에 대한 연구는 조류가 하나의 소상에서 유래한 **단계통군**, 즉 **클레이드**임을 보여 준다. 단계통군이란 공통의 조상과 거기서 파생한 모든 종을 포함하는 분류군을 말한다. 계통 분류학에서는 동물을 분류하는 범주로 단계통군만 인정한다. 공통 조상에서 분화한 후손들 일부가 제외된 측계통군은 받아들이지 않고 있다. 그래서 엄격한 원칙을 적용하는 계통 분류학자들은 어류라는 분류군을 인정하지 않는다. 물고기 중 일부가 네발 척추동물로 분화했기 때문이다. 그렇게 따지면 파충류도 일부가 조류와 포유류로 진화했기 때문에 단계통군이 아니라 측계통군이다.

현생 조류의 조상 중 처음 날아다닌 것을 최초의 새라고 정의한다면, 그들의 직계 조상은 날개를 가지고 있었거나 적어도 날개 비슷한 것을 가지고 있었던 생물일 것이다. 그들은 어떤

● ● ●

키위새 뉴질랜드에 살며 크기가 닭만 하고 몸이 둥글며 앞을 보지 못한다.

생물체였으며 깃털 달린 다리는 어디에 사용했을까? 움직이는 두 날개가 있다고 해서 하늘을 날 수 있는 것은 아니다. 레오나르도 다빈치를 비롯한 수많은 발명가들이 새 날개를 흉내 낸 발명품으로 하늘을 날아보려 했지만 모두 실패했다는 것만으로도 잘 알 수 있다. 그렇다면 날 수 없는 조상들에게서 나온 최초의 새는 어떻게 날 수 있었을까? 새들이 날기까지 어떤 준비 과정이 있었을까?

둘째, 최초의 새에게 날개는 어떠한 용도로 쓰였을까?

최초의 새가 날아다녔다고 하면 이 질문에 답하는 것이 수월해진다. 날아다니는 새의 날개는 분명 일차적으로는 하늘을 나는 데 쓰였을 것이기 때문이다. 그렇다면 날아다니는 것은 어떤 점에서 생존과 번식에 유리했을까? 앞에서 보았듯이 자연선택은 다음 세대에게 물려주면 좋을 유리한 형질에만 적용된다. 하늘을 나는 것에도 분명 유리한 어떤 점이 있었을 것이다.

셋째, 깃털 달린 날개를 물려받은 후손들은 날개로 무엇을 했을까?

이것은 날개의 진화와 새의 비행과 관련된 질문이다. 이 책에서는 날개와 비행의 진화에 대한 내용은 상세하게는 다루지 않고 초기 조류가 나타나서 현생 조류로 이어지는 큰 단계들에 초점을 맞출 것이다. 새의 비행과 날개의 역사를 살펴보면, 수

많은 낯선 이름의 종과 계통들이 등장한다. 그중 이 책의 주제와 직접 관련 있는 이름들은 이 책에 자주 등장할 것이다. 여러 가지 종과 계통군, 시대에 대해서는 22~23쪽에 실린 도표를 참고하기 바란다.

이 도표는 현생 조류, 즉 신조아강의 계보를 고생대˚가 끝나기 조금 전인 2억 6000만 년 전까지 거슬러 올라가서 보여 준다. 화살표는 현생 조류의 조상들로부터 분화해 나간 친척 관계에 있는 계통군을 나타낸다. 이 계통군은 대부분 중생대˚의 마지막 시기에 해당하는 백악기 말 약 6500만 년 전에 이르러 사라졌다. 약 2억 5500만 년 전의 네발 육식 동물인 원시 조룡으로부터 나온 동물들 중에서 현재까지 살아남은, 새의 가장 가까운 친척은 놀랍게도 악어다.

● ● ●

고생대 지질 시대 구분에서 원생대와 중생대 사이의 시기. 지금부터 약 5억 7000만 년 전부터 2억 4000만 년 전까지 이른다. 시간적 순서에 따라 캄브리아기, 오르도비스기, 실루리아기, 데본기, 석탄기, 페름기로 세분한다.
중생대 지질 시대 구분에서 고생대에서 신생대 사이의 시기. 지금부터 2억 4500만 년 전부터 약 6500만 년 전까지이다. 겉씨식물이 번성하였고, 공룡과 같은 거대한 파충류를 비롯하여 양서류, 암모나이트 등이 번성하였다. 트라이아스기, 쥐라기, 백악기로 다시 나뉜다.

1

최초의 새는
왜 날개를 가지게 되었을까?

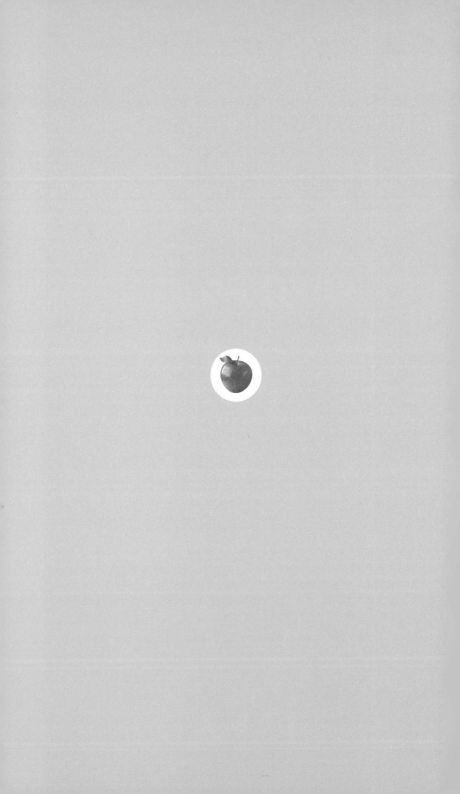

최초의 새는 무엇이었을까?

최초의 새에 대한 화석은 아직 발견되지 않았고, 또 그것을 발견할 가능성도 매우 희박하다. 하지만 미루어 짐작하건대 최초의 새는 두 발과 날개를 가진 작은 공룡이었을 것이다. 가까운 후손인 시조새와 매우 비슷했을 것으로 보인다. 1억 4700만 년 전 유럽의 쥐라기 지층에서 발견된 시조새는 가장 오래된 새로 현재 알려져 있다.

육식 공룡 계통에서 나온 시조새는 조상으로부터 파충류의 다양한 특성을 물려받았다. 날카로운 이빨과 세 개의 뾰족한 앞발톱, 여러 개의 척추 뼈로 된 긴 꼬리가 파충류의 특징을 보여 준다.

그러나 시조새는 날기 위한 조건도 갖추었다. 날아다니는 새와 조류 화석에서 볼 수 있는 것과 마찬가지로 속이 빈 뼈와 짧은 근육질 몸통, 가벼운 꼬리, Y자 모양 가슴뼈, 긴 앞다리와 유연한 발목, 퍼덕거리는 날갯짓을 가능케 하는 바깥쪽으로 향한 어깨 등을 가지고 있었다. 또 훌륭한 깃털을 가지고 있었으며, 특히 날개에는 현생 조류의 깃과 매우 비슷한 긴 깃이 나 있었다.

깃은 복잡한 구조를 가진 납작한 털로, 속이 빈 깃털 대 양쪽으로 깃가지가 가지런하게 뻗어 있으며, 그 사이에 작은 깃가지가 미세한 날개갈고리로 연결되어 있다. 이와 같이 날개를 따라 늘어선 기다란 깃을 **칼깃** 또는 **날개깃**이라고 한다.

학자들은 시조새의 칼깃이 비대칭이었다는 점에 주목한다. 시조새의 깃은 날개 바깥쪽 부분이 더 좁아서 안쪽보다 공기 저항을 덜 받도록 되어 있었다. 비대칭 칼깃은 날아다니는 모든 새들의 공통된 특성이다. 따라서 시조새의 칼깃은 비행을 위한 자연선택이 이루어졌음을 명백히 보여 준다. 시조새는 분명 새였던 것이다.

그렇다면 공룡을 조상으로 둔 시조새는 그 조상들이 날지 않았는데도 어떻게 날기 위해 필요한 장비를 모두 갖추게 되었을까?

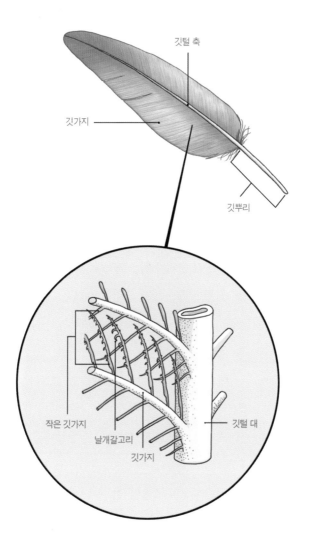

깃털 축

깃가지

깃뿌리

작은 깃가지

날개갈고리

깃가지

깃털 대

새의 칼깃

날아다니는 새가 나오기까지 동물은 어떻게 진화했을까?

공중에서 자유롭게 이동하거나 날기 위해서는 비행에 적합한 골격과 호흡 기관, 신경계를 갖추어야 하고, 날개와 에너지도 있어야 한다. 곤충이나 박쥐에 비하면 비록 덜할지 몰라도 새 역시 날기까지 수많은 세대를 거쳐야 했다.

새가 하늘을 날게 된 것은 그 조상이 비행에 필요한 특성들을 점차적으로 획득한 덕분이다. 다시 말해서 날기 위한 준비과정을 점진적으로 거쳤던 것이다. 그러나 새의 조상은 날지 못했으므로, 비행에 필수적인 신체 조건들은 다른 기능을 수행하기 위해 발달했을 것이다. 그러다가 나중에 그것을 비행에 사용하게 되었을 것으로 보인다.

진화는 계속 이어지는 적응과 변화에 의해 조금씩 이루어진다. 즉 자연선택은 수많은 변화 중에서 어떤 것을 선별해서 그것을 환경에 맞추어 사용하는 것일 뿐이다. 자연선택은 목적도 계획도 없이 마구잡이로 집안을 꾸미고 수리하는 것과 같다. 날기 위한 조건도 처음부터 완벽하게 갖추어진 것이 아니라 경험적 또는 후천적으로 그 조건에 들어맞게 된 것이다. 마치 고전 무용을 연습하던 발레리나가 의도하지 않게 징검다리를 잘 건너게 된다거나, 조깅을 열심히 하다 보니 스키를 오래 탈 수 있게 되는 이치와 같다.

고생물학자 스티븐 제이 굴드°는 이처럼 특정한 상황에서 오랜 기간에 걸쳐 자연선택의 작용으로 발생한 특성이 새로운 생태 조건에서 그 유용성이 확인되어 그전과 다른 목적으로 사용되는 것을 '굴절 적응'이라 불렀다.

그럼 새가 날게 되기까지 어떤 준비 단계를 거쳤을까?

우선, 가장 기초적인 첫 단계로 최초의 동물에서 최초의 공룡으로 진화해 나가는 과정을 거쳤을 것이다. 그 과정에 대해 아주 간단하게 살펴보자.

원시 신경계의 발달과 몸의 좌우 대칭성은 7억 년 전, 복잡한 구조를 지닌 최초의 좌우 대칭 동물에서 비롯되었다. 그 당시 모든 동물들은 물속에서 살았으므로 좌우 대칭 구조는 방향을 틀거나 여러 방향으로 이동하는 데 유리했다.

골격과 근육은 약 5억 년 전, 최초의 척추동물인 연골어류에

● ● ● ●

스티븐 제이 굴드(1941~2002) 미국의 고생물학자이자 진화 생물학자. 대중적인 과학 저서를 다수 발간하여, 찰스 다윈 이후 가장 유명한 생물학자로 꼽힌다. 저서로 『풀하우스 : 진화는 진보가 아니라 다양성의 증가다』, 『인간에 대한 오해』, 『다윈 이후 : 생물학 사상의 현대적 해석』 등이 있다.

서 만들어졌다. 연골어류는 비교적 단단하고 가벼운 골격 덕분에 빠르고 민첩하게 움직일 수 있었다. 또 그들 조상에 비해 신경계가 발달했고 뇌는 두개골에 싸여 있었다. 민첩성과 높은 지능은 먹이를 찾거나 공격을 피해 달아나거나 짝짓기 경쟁자를 쫓는 데 매우 유리했다.

이들의 후손인 경골어류가 나타난 것은 몇 천만 년이 더 지나 4억 5000만 년 전경이다. 이들은 연골어류에 비해 골격이 더 단단해지고 뇌가 더 발달했다. 경골어류는 송어와 만새기뿐만 아니라 갈가마귀, 족제비 등 현재까지 남아 있는 모든 척추동물의 조상이다.

네 발과 폐는 3억 8000만 년 전, 최초의 네발짐승인 양서류가 지상에 등장하면서 나타났다. 약 3억 6000만 년 전에는 서식처가 물에서 뭍으로 완전히 바뀌면서 육지에서 알을 낳을 수 있고 방수성 피부와 폐 등을 가진 최초의 파충류(양막류)가 등장한다. 네 발로 기는 파충류(조룡)의 골반과 발목이 변하면서 두발짐승이 곧 나타나게 된다.

그렇게 해서 약 2억 5000만 년 전, 익룡과 공룡의 직계 조상인 공룡새가 처음 등장했다. 공룡새는 뒷발로 일어선 작은 악어와 비슷한 모양으로, 앞발은 먹이를 찢는 데 사용했다. 익룡과 공룡, 조류가 오랜 기간 살아남을 수 있었던 것은 두 발로

서는 특성을 획득한 덕분이다. 그들 조상이 2억 4500만 년 전 고생대의 끝을 알린 지질학적, 생태학적 재난에서 살아남은 덕도 있지만 말이다.

이쯤에서 22~23쪽의 조류 계보를 살펴보자. 최초의 공룡새 이후로 비행을 위한 변화는 점점 더 구체적으로 나타나기 시작한다.

약 2억 3500만 년 전 **수각류** 공룡은 뼈가 속이 빈 파이프처 🍎 럼 변하여 골격이 가벼워지게 되었다. 이들은 가까운 조상과 마찬가지로 두 발로 걸어 다녔고, 육식을 했으며 앞발가락은 세 개였다. 또 상대적으로 몸이 가벼워 움직이는 속도가 빠르고 민첩했다. 예를 들어 에오랍토르 같은 공룡은 매우 민첩하게 움직였다. 또 수각류는 뇌가 발달하여 먹이를 잡는 방법이 매우 다양해지고 치밀해졌다.

현생 조류가 날갯짓을 할 수 있는 것은 쇄골이 중앙에서 합쳐져 있기 때문이다. 이는 약 1억 8000만 년 전의 조상인 **테타 🍎 누라류**에서 처음 나타났다. 이러한 변화는 짧았던 앞발이 뒷발과 동일한 길이로 늘어나면서 일어났을 것으로 짐작된다.

1억 7000만 년 전, **코엘루로사우루스류**가 등장하면서 날개를 🍎 이루는 앞다리와 앞발이 길어지고, 가슴뼈가 발달하고 단단해져서 흉근을 받치게 되었다. 이 두 가지는 모두 앞발로 먹이를

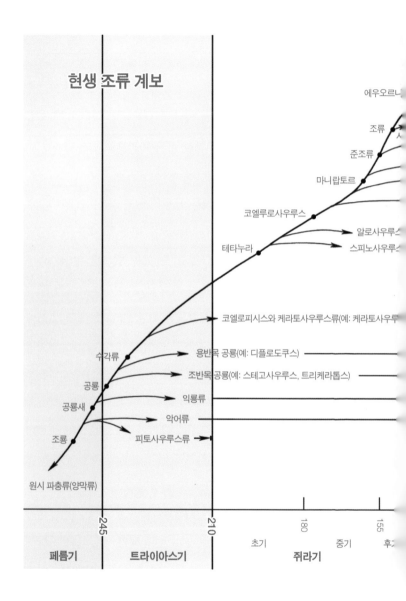

현생 조류 계보

에우오르니...

조류

준조류

마니랍토르

코엘루로사우루스

알로사우루스

테타누라

스피노사우루스

코엘로피시스와 케라토사우루스류(예: 케라토사우루...

수각류

용반목 공룡(예: 디플로도쿠스)

공룡

조반목 공룡(예: 스테고사우루스, 트리케라톱스)

공룡새

익룡류

조룡

악어류

피토사우루스류

원시 파충류(양막류)

245

210

180

155

폐름기

트라이아스기

초기

중기

후...

쥐라기

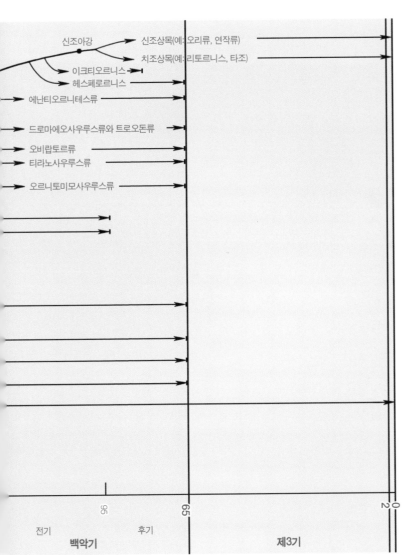

신조아강

신조상목(예:오리류, 연작류)

치조상목(예:리토르니스, 타조)

이크티오르니스

헤스페로르니스

에난티오르니테스류

드로마에오사우루스류와 트로오돈류

오비랍토르류

티라노사우루스류

오르니토미모사우루스류

95

65

2

0

전기

후기

백악기

제3기

[단위 : 100만 년 전]

잘 잡기 위한 변화였다. 그런데 티라노사우루스는 긴 앞다리를 가진 코엘루로사우루스류에서 나왔지만 앞발로 잡는 기술을 버리는 쪽을 택했다. 티라노사우루스의 큰 키에는 알맞지 않았기 때문이다. 그래서 티라노사우루스는 팔이 아주 짧아져 먹이를 잡을 때에는 거다란 턱뼈를 이용하여 입으로 직접 물어서 잡아야 했다.

많은 종류의 수각류는 작은 포식자의 생태적 지위°를 차지해야 했기 때문에 몸집이 점점 작아져 갔다. 그중 하나로 새의 조상인 **마니랍토르류**가 등장한 것은 약 1억 6000만 년 전이다. 마니랍토르에 이르면 두 개의 손목뼈가 합쳐져 반달형 뼈로 변하는데, 그런 손목뼈가 있어야 날개짓을 해서 양력을 일으킬 수 있다. 마니랍토르가 이렇게 상하 좌우로 손목을 움직일 수 있게 된 것은 먹이를 잘 붙잡기 위해서였다.

약 1억 5500만 년 전쯤 되자 흉부가 발달하면서 앞다리 힘이 세지고 꼬리는 짧고 가늘어졌다. 이로 인해 민첩성이 향상되어 공격을 더 잘 피할 수 있게 되었다. 흉부가 발달하고 꼬리

● ● ●

생태적 지위 어떤 생물 종이 자연계에서 점유하는 지위. 어디에 살고 무엇을 먹고 무엇에 먹히는지에 따라 그 생물의 생태적 지위가 정해진다. 즉, 먹이 사슬 속 어디에 위치하고 있는가에 따라 생태적 지위가 결정된다.

가 짧아진 특성을 가진 **준조류**가 나타난 것이다. 이러한 특성은 육지 준조류인 드로마에오사우루스와 트로오돈에게도 도움이 되었다. 데이노니쿠스와 벨로키랍토르는 빨리 달리기로 유명한 백악기의 대표적인 준조류다.

약 1억 5000만 년 전, 엄지발가락이 발톱으로 변하면서 시조새의 가까운 조상은 다소 불안정하게나마 나뭇가지에 앉을 수 있게 되었다. 이 사실은 최초의 새가 나무에 살았다는 가설의 근거로 사용된다.

비슷한 시기에 어깨가 측면을 향하게 되었다. 이 사실은 최초의 새가 날갯짓을 했다는 것을 알려 준다. 왜냐하면 날거나 달릴 때 새가 몸 위로 날개를 들기 위해서는 어깨 관절이 측면을 향해 있어야 하기 때문이다.

땅 위를 달렸든 아니면 나뭇가지에 앉아 있었든 이제 우리의 작은 공룡은 날기 위한 준비를 거의 마쳤다. 깃털만 있으면 날 수 있게 된 것이다.

공룡의 깃털은 어떻게 만들어졌을까?

칼깃은 상당히 복잡한 형태를 띠기 때문에 날고 싶다고 해서 갑작스레 만들어질 수 있는 것이 아니다. 시조새 화석에서 완벽한 깃털의 형태가 나타났다는 사실은 그전에 육상 동물이었던 조상들이 뭔가 중요한 목적을 위해 깃털을 만들어 왔음을 의미한다.

그러므로 그 조상인 마니랍토르류도 복잡한 깃털을 가지고 있었던 것이 분명하다. 실제로 고생물학자들이 그 사실을 확인하기까지는 오랜 시간이 걸렸다. 그것은 동물의 깃과 털, 비늘 같은 각질 기관은 상대적으로 약한 단백질로 되어 있어서 그 흔적이 화석에서 거의 나타나지 않기 때문이다. 돌 속에 불멸의 상태로 남아 있기 위해서는 매우 까다로운 화석화 조건을 충족시켜야만 한다.

먼저 사체가 손상되지 않기 위해서는 진흙이나 매우 가는 모래 속에 파묻혀야 한다. 이를테면 석호˚의 깊숙한 곳이 그에 해당한다. 시조새가 그런 경우였다. 시조새는 당시 바닷가였던 독일 바바리아 지방의 쥐라기 말(1억 4700만 년 전) 석회질 침전물 속에 묻혀 있었기 때문에 보존 상태가 매우 좋았다.

● ● ●

석호 바닷가에 생기는 모래톱 따위가 만의 입구를 막아 바다와 분리되어 생긴 해안 가까이 있는 호수.

그래서 약 20년 전부터 많은 고생물학자들이 오래된 바닷가 부근, 호수 연안을 찾아다니기 시작했다. 그 역사가 쥐라기나 백악기까지 거슬러 올라가는 바다나 호수 부근 지층에서 깃털 공룡과 조류의 화석이 나올 확률이 높기 때문이다.

그런 노력이 성과를 거두기 시작한 것은 1990년부터였다. 깃털 흔적이 보이는 약 12종의 원시 조류 화석을 스페인과 중국 북동부의 석호 연안에서 찾아낸 것이다. 그 지역은 백악기 또는 그 이전 지층이 그대로 남아 있었다. 특히 중국 북동부 랴오닝 성에서는 놀랍게도 온전한 깃털을 가진 육상 공룡 화석이 나왔다.

약 1억 3000만 년 전 것으로 추정되는 그 깃털 공룡들은 코엘루로사우루스류였다. 코엘루로사우루스류는 마니랍토르, 오르니토미모사우루스, 그리고 티라노사우루스까지 포함하는 분류군이다. 그 깃털의 복잡성은 이 종들이 조류와 친척 관계에 있음을 여실히 보여 준다.

예를 들어 조류와 친척 관계가 거의 없는 시노사우롭테릭스는 코엘루로사우루스류에 속하지만 몸이 가는 섬유로 뒤덮여 있었다. 반면, 조류에 더 가까운 오르니토미무스 계통의 한 가지인 벨피아사우루스의 몸에는 깃뿌리에서 뻗어 나온 가는 섬유 다발, 즉 깃가지로 이루어진 털이 나 있었다.

현생 조류의 깃털은 더 복잡하다. 깃털의 중앙에는 깃털축
이 있고 거기에서 양쪽으로 깃가지가 나란히 뻗어 있다. 또 깃
가지에서 무질서한 잔털인 작은 깃가지가 뻗어 있다. 한편 오
비랍토르인 카우딥테릭스와 드로마에오사우루스인 프로톱테
릭스 등 마니랍토르류의 여러 종들은 앞다리나 꼬리에 납작하
고 큰 깃털이 나란히 나 있었고, 현생 조류의 꽁지와 같은 대칭
형 꼬리 깃이나 칼깃을 가진 것도 있었다. 또 솜털이 난 몸통은
작고 납작한 몸통 깃이 감싸고 있었는데, 이 또한 현재 조류와
흡사한 모습이다.

　　백악기 초기의 공룡들이 이처럼 깃털을 가지고 있었다는
것, 또 매우 복잡한 형태의 깃털도 있었다는 것은 그들이 동일
한 조상에게 날개를 물려받았다는 증거이다.

　　그렇다면 그 조상은 누구일까? 다시 한 번 조류 계보를 살펴
보자. 가는 섬유에 불과했던 최초의 깃털은 약 1억 7500만 년
전 코엘루로사우루스에게서 처음 생긴 것으로 보인다. 그 후
약 1억 7000만 년 전, 가는 섬유는 오르니토미모사우루스와 마
니랍토르의 공통 조상에 의해 깃가지 다발로 이루어진 단순한
형태의 솜털로 변모했다. 1억 6000만 년 전에는 마니랍토르의
직계 조상에게서 작은 깃가지로 이루어진 좀 더 복잡한 형태의
솜털이 발생했다. 또 깃가지와 작은 깃가지가 갈고리로 연결되

지 않은 최초의 커다란 깃털이 생겨났다. 이로부터 얼마 지나지 않아 최초의 마니랍토르는 가지런히 정렬된 깃가지와 고리 달린 작은 깃가지로 이루어진 납작한 깃을 완성했고, 이것이 조류에게 전해졌다.

깃털이 형성된 과정은 바로 이렇다. 이제는 깃털의 기능에 대해 알아보자. 깃털 달린 공룡들은 날지 않았는데, 왜 깃털이 생겨난 것일까?

원시 깃털은 원래 무슨 용도였을까?

오늘날 새의 솜털은 포유동물의 털과 마찬가지로 열 전달을 차단하는 역할을 한다. 그렇다면 깃털의 본래 기능도 이것이 아니었을까? 그럴 수도 있다. 만일 그렇게 주장하려면 최초의 코엘루로사우루스가 항온 동물이었어야 한다. 체온이 바깥 기온보다 높지 않다면 깃털로 추위를 막을 필요가 없을 테니까 말이다.

코엘루로사우루스가 30도가량의 항온 동물이었다는 가설은 꽤 그럴 듯하다. 코엘루로사우루스는 변온 동물인 파충류라고 보기에는 매우 민첩하고 활동적이었기 때문이다. 최초의 코엘

루로사우루스는 크기가 작았으며, 쥐라기 중기에 로라시아•
대륙에 서식했다. 로라시아 대륙의 기후는 오늘날 유럽 남부와
비슷했으며, 겨울에는 혹독한 추위가 닥치기도 했다. 항온 동
물은 큰 것보다 작은 것이 몸 크기에 비해 상대적으로 많은 열
을 발산하므로 추위에 더 민감할 수밖에 없다. 만일 쥐라기의
작은 코엘루로사우루스가 항온 동물이었다면 보온 역할을 하
는 덮개가 필요했을 것이다.

어쩌면 최초의 코엘루로사우루스는 겨울 추위를 견뎌내기
위해 가는 섬유로 된 털을 완성시켰고, 나아가 열 손실 차단에
도움이 되는 솜털을 단순한 형태로나마 만들어 낸 것인지도 모
른다. 날씨가 따뜻해진 백악기에는 벨피아사우루스 같은 작은
종은 이 솜털을 보존하고 몸집이 큰 종들은 체온이 너무 올라
가는 것을 방지하기 위해 털을 없애 버렸을 것이다. 티라노사
우루스 렉스는 머리부터 발끝까지 털이 전혀 없었다는 사실 또
한 이 가설을 뒷받침해 준다.

짧은 깃가지 다발로 이루어진 원시 솜털은 건조하고 추운

● ● ●

로라시아 북아메리카, 유럽, 아시아를 포함하는 가설적인 대륙. 학자들은 이것이
고생대 말기에 분리된 것으로 본다.

코엘루로사우루스는 왜 솜털을 가지게 되었을까?
아마 겨울 추위를 견디기 위해서였을 것이다. 그렇다면 그들은 항온 동물이었을까?

기후에는 적합했지만 바람이나 비에는 약했다. 약 1억 6000만 년 전, 최초의 마니랍토르류는 깃가지에 작은 깃가지를 더했고 나아가 꼿꼿한 중심축, 즉 깃털대가 있는 납작한 깃털 형태를 완성시켰다. 그리고 깃털대로부터 깃가지와 작은 깃가지가 무질서하게 뻗어 나가 있었고, 이 깃털은 솜털보다 단단했지만 방수 효과가 떨어졌다. 이로부터 얼마 지나지 않아, 자연선택의 압력으로 인해 나란하고 촘촘한 깃가지와 갈고리가 있는 작은 깃가지가 생겨나면서 깃털의 방수성은 높아졌다. 이로써 마니랍토르는 최초의 깃털을 만들어 냈다.

추위와 바람, 비로부터 몸을 보호할 수 있게 된 마니랍토르류는 일 년 내내 활발히 움직이며 점차 진화해 나갔다. 그리고 약 1억 5000만 년 전, 최초의 새에 이르게 되었다. 이 시나리오는 코엘루로사우루스가 수각류 조상으로부터 항온성을 물려받았다는 가설에 근거한 것이다.

로버트 베커*를 비롯한 많은 고생물학자들이 이 가설을 지

● ● ●

로버트 베커(1945~) 미국의 고생물학자. 공룡에 관한 현대 이론을 재정립하는 데 기여했으며 일부 공룡이 항온 동물이었다는 이론을 내놓았다. 영화 「쥐라기 공원」 제작에 과학 자문으로 참여했던 그는 그 영화에 등장하는 고생물학자의 모델이기도 했다.

지하고 있다. 하지만 공룡의 항온성에 대해서는 아직 전문가들 사이에 의견이 분분하다.

솜털은 왜 칼깃으로 진화했을까?

처음의 기능이 무엇이었든 마니랍토르류가 짧고 단단하며 열 손실을 막는 가벼운 깃털을 가지고 있었다는 사실은 분명하다. 여기서부터는 날개가 되기까지 그다지 어렵지 않다. 형태만 보자면 날개는 깃이 앞다리에 나란히 정렬해 있는 것에 불과하기 때문이다. 이제 깃을 적당히 붙이기만 하면 되는 것이다. 그런데 과연 어떠한 선택의 압력으로 앞다리에 난 깃털이 크기가 커지고 특정한 형태로 배열되었을까? 어떠한 기능을 수행하기 위해서였을까? 이에 대해서는 다양한 가설이 나오고 있다.

날개를 펼쳐서 새끼의 체온을 유지시켜 주기 위해서 솜털이 칼깃으로 진화했으리라는 가설이 있다. 오늘날 새들은 새끼를 날개로 감싸 비와 바람, 햇빛으로부터 보호한다. 마니랍토르류의 깃털도 그런 기능을 했을지도 모른다. 마니랍토르류 역시다른 공룡들과 마찬가지로 새끼를 잘 돌보았기 때문이다.

1990년대에 백악기 후기 화석이 많이 나오는 몽골의 한 지방에서 둥지에 웅크린 채 알을 긴 앞발로 감싸 안은 오비랍토르 화석이 발견되었다. 그것을 앞발이라고 해야 할지 날개라고 불러야 할지 모호하지만 아무튼 이 오비랍토르는 자기 알을 보호하다가 죽은 것이다. 오비랍토르 화석에서 깃깃이 발견된 적은 없지만, 만일 오비랍토르에게 깃깃이 있었다면 당시에 건조했던 이 지역의 햇빛이나 강한 모래 바람을 막는 데 매우 유용했을 것이다.

개연성이 조금 떨어지는 다른 가설은 최초의 마니랍토르가 공중에서 벌레를 잡아먹기 위해 날개 깃털을 사용했을 것이라는 추측이다. 만일 그렇다면 마니랍토르의 날개가 가는 섬유로 된 나비 날개처럼 진화했어야 한다.

아주 그럴 듯한 또 다른 가설은 마니랍토르류의 기다란 깃이 소통을 위한 표시로 진화했을 것이라는 주장이다. 특히 성 선택*의 압력에 의해 짝짓기 상대를 유혹하고 경쟁자를 위협

• • • •

성 선택 짝짓기 상대를 획득하는 경쟁에 있어서 유리한 형질이 차츰 발달하게 되는 일. 자웅 선택이라고도 한다. 찰스 다윈은 성 선택이 자연선택의 하나라고 주장했다. 이 이론에 따르면, 새의 수컷이 아름다운 깃털을 가지고 있는 것이나 수사슴의 뿔, 수사자의 갈기가 발달한 것은 암컷이 이런 형질이 발달한 배우자를 선택해 왔기 때문이다.

하기 위한 수단으로 깃이 사용되었을 확률이 높다는 것이다. 동물들이 구애 행동을 할 때 시각적 신호를 사용한다는 것은 지난 수십 년 간 현생 동물들에게서 입증되었다.

새의 경우도 마찬가지로 공작새는 꼬리를 펼치고 두루미는 춤을 추면서 구애 행동을 한다. 이러한 특성은 물고기나 도마뱀, 포유동물에게서도 나타난다. 오늘날 새들은 대부분 깃털을 펼치거나 흔들며 구애 행동을 한다. 구애를 하기 위해 사용하는 것은 날개 깃만이 아니다. 꼬리 깃이나 도가머리˙를 펼치거나 흔들기도 한다. 몇몇 종의 경우에는 수컷만이 이러한 유혹을 하는데 현생 조류 대부분은 암컷과 수컷이 모두 깃털과 빛깔을 뽐내는 행동을 한다.

이런 여러 가지 가설 중 어느 하나만 맞고 다른 것은 다 틀리다고 할 수 없다. 오히려 그 반대다. 하나를 가지고 여러 가지를 할 수 있는데, 왜 한 가지 용도로만 써야 한단 말인가? 오리와 장다리물떼새는 날 때뿐만 아니라 교미할 때에도 날개를 사용하고, 새끼를 비나 바람으로부터 보호할 때 또는 다친 체하거나 공격자의 주의를 돌릴 때에도 날개를 사용한다. 따라서

• • • •

도가머리 새 머리에 길고 더부룩하게 난 털.

최초의 마니랍토르가 날지 못했다고 하더라도 다른 용도로 칼깃을 사용했을 가능성이 크다.

비행 준비는 이제 막바지에 이르렀다. 우리는 약 1억 5500만 년 전, 쥐라기 후기에 와 있다. 몸이 가볍고 몸통은 근육질에 짤막하며 두 발로 걷는 준조류 중 일부는 불완전한 날개를 가지고 있다. 단단한 칼깃으로 덮인 날개는 최초의 비행을 위한 준비가 다 되어 있다. 그런데도 이들은 여전히 수각류 조상들처럼 달리면서 먹이를 쫓아갔을까? 사냥감을 찾기 위해 나무에 기어 올라가지는 않았을까? 나무에 올라가서 사냥감을 노렸다면 먹이를 잡을 때에는 날개를 펼치고 활강하지 않았을까?

그에 대해서는 수십 년 전부터 논란이 되고 있다. 얼마 전까지 새의 조상이 나무에 살았다는 가설의 주된 근거는 시조새의 발에 발톱이 있다는 것이었다. 발톱은 나뭇가지를 잡기 위한 진화를 의미할 수 있기 때문이다. 그렇다면 최초의 새가 나뭇가지 위에 앉게 된 것은 날기 전일까, 아니면 그 이후일까? 최근에 발견된 깃털이 난 공룡의 화석 일부가 이 질문에 대한 해답을 찾는 데 한줄기 빛이 되어 줄 듯하다.

2

공룡이
날았을까?

네 날개 공룡이 새의 조상일까?

중국 북동부는 백악기 초기에 드넓은 연안 지역이었다. 오늘날 이 지역은 고생물학자들의 진정한 엘도라도로 떠올랐다. 2002년 말, 중국 고생물학자 싱수와 그의 동료들이 그곳 랴오닝 성에서 깃털 달린 새로운 드로마에오사우루스 화석을 발견했기 때문이다.

싱수 박사는 그 화석에 중국의 저명한 고생물학자 구지웨이의 이름을 따서 미크로랍토르 구이로 명명했다. 싱수 박사와 그의 동료들의 주장에 따르면, 미크로랍토르 구이는 현존하는 동물과 화석 동물을 통틀어 날개가 네 개 달린 유일한 동물이다.

이 동물은 몸의 길이가 77센티미터로, 놀랍게도 앞발뿐만 아니라 뒷발에까지 긴 칼깃이 나 있었다. 또 시조새처럼 기다란 꼬리 깃이 꼬리를 감싸고 있었다.

시조새와 같은 준조류로서 시조새와 동일한 신체 구조적 특징을 갖고 있는 것으로 보아 미크로랍토르가 날갯짓까지는 아니라 해도 적어도 활공을 할 수 있었다는 사실에는 의심할 여지가 없다. 네 개의 날개 또는 다리에 달린 칼깃들은 비내칭 깃털이었던 것이다.

앞서 보았듯이 비대칭 깃털은 비행을 위한 가장 핵심적인 요건이다. 그러나 이러한 외형적 조건 때문에 뒷발의 기다란 깃털을 망가뜨리지 않고 땅 위를 달리는 것은 불가능했을 것이다. 따라서 미크로랍토르는 나무에 서식했고, 나무에서 다른 나무로 활공하며 먹이를 사냥하거나 공격자를 피해 달아났을 것으로 보인다. 오늘날 북미에 서식하는 날다람쥐*와 비슷했을 것이다.

약 1억 3000만 년 전에 살았던 미크로랍토르는 오늘날까지 알려진 것 중에서 새와 가장 가까운 친척이다. 싱수 박사와 그

· · ·

날다람쥐 다람쥣과의 하나. 하늘다름쥐와 비슷하며, 몸의 길이는 15~20센티미터이고 옆구리에 비막을 가지고 있다. 등은 회색 또는 갈색, 배는 흰색이다. 야행성으로 나무에서 나무로 날아다니며 나는 거리는 8미터 정도이다. 곤충, 나무열매 등을 먹는다.

의 동료들은 만일 시조새와 그의 사촌인 미크로랍토르가 날 수 있었다면, 그들의 마지막 조상 또한 이미 날아다녔을 것이라고 주장한다.

그렇다면 처음으로 날기 시작한 준조류는 어떻게 생겼기에 날 수 있었을까?

먼저 네 개의 분리된 날개로 나는 것보다 두 날개로 나는 것이 훨씬 더 효과적이라는 걸 감안해 생각해 보자. 네 날개로 날면 날개 뒤쪽에서 난기류가 만들어져서 오히려 속도를 떨어뜨리기 때문이다.

그런데 날개가 두 개만 있을 경우 뒷발을 다른 용도로 사용할 수 있기 때문에 두 날개를 가진 종이 뒷다리까지 날개로 진화시켰을 리는 없을 것 같다. 게다가 뒷날개는 지상에서 달릴 때뿐만 아니라 비행하는 데에도 불리했을 테니까 말이다.

그와 반대로, 네 개의 날개를 가진 종이 자연선택에 의해 앞날개가 더욱 커지고 뒷날개가 퇴화하여 지상과 공중에서 더 민첩하게 움직일 수 있게 되었을 가능성이 더욱 높다.

그래서 싱수 박사는 미크로랍토르와 시조새의 조상이 아마도 나무에 서식하며 활공에 능숙한 네 날개 달린 동물이었을 것이라고 주장한다. 지상에서 달리는 조상에서 진화해 나왔지만 나뭇가지 위에서 살면서 점차 땅 위를 걸어 다니는 것은 불편했을 것으로 보는 것이다.

몇 백만 년 후 그들의 후손인 조류가 그 활공 기술을 비행 능력으로 완성시켰을 것이고 땅도 되찾았을 것이다. 날개는 두 개만 남기고 뒷발을 자유롭게 사용하는 상태였다고 볼 수 있다.

이 네 날개 활공 동물의 또 다른 후손인 드로마에오사우루스류와 트로오돈류는 미크로랍토르의 경우처럼 네 날개로 활강하는 것으로 진화해 가거나, 그렇지 않으면 데이노니쿠스와 트로오돈처럼 두 발 동물로 진화해 갔을 것이다.

놀랍게도 새의 조상이 네 날개 활공 동물이었을 것이라는 가설이 나온 것은 1세기 전의 일이었다. 미국의 동물학자 윌리엄 비비˙가 그 가설을 처음 내놓은 것이다. 1915년 그는 그의 가설 속의 새 조상에게 테트랍테릭스, 즉 네 날개를 가진 새라는 이름을 붙였다. 그가 설명한 그 동물의 특성은 미크로랍토르의 특성과 매우 비슷했다.

만일 이 가설이 맞는다면, 최초의 새에 대한 정의는 그냥 나

● ● ● ●

윌리엄 비비(1877~1962) 미국 과학자, 탐험가, 작가. 강철로 공 모양 잠수구를 만들어 직접 바다에 뛰어들어 심해 탐사를 한 것으로 유명하다. 중남미와 아시아, 서인도 제도로 탐험 여행을 다녔고, 조류 연구에도 많은 성과를 남겼다.

는 동물이 아니라 현생 조류의 조상 중 '두 날개'로 처음 날았던 동물이라고 바꾸어야만 할 것이다.

또 다른 가설도 있다. 이것 역시 매우 그럴 듯하지만 훨씬 더 단순하다.

이 가설에서는 새의 진화 과정에서 한 단계가 생략된다. 즉 민첩한 수목 서식 동물이 조류로 진화해 나갔다는 것이다. 시조새와 미크로랍토르의 조상인 이 동물의 앞발에는 비행에 적합한 칼깃이 있었고, 뒷발에는 짧은 몸통 깃이 나 있었다. 날지는 못했지만, 깃털이 있어서 바닥에 떨어지지 않고 나뭇가지 사이를 건너 뛰어다닐 수 있었다.

이 활공 기술을 물려받은 후손들 중에서 일부는 앞발에 풍성한 깃털을 발달시켜 두 개의 날개로 날아다니는 조류가 되었고, 다른 일부는 깃털 달린 네 개의 발로 나는 드로마에오사우루스로 갈라져 나갔다.

그렇다면 새들은 비행하는 법을 스스로 터득한 것일까, 아니면 네 개의 날개를 가진 준조류 조상에게 물려받은 것일까?

그것은 아직 분명하지 않다. 준조류뿐만이 아니라 그들의 사촌격인 드로마에오사우루스 역시 날 수 있었다는 사실을 고려해야 한다.

이처럼 새에 대한 우리의 시각은 고생물학자들의 연구가 진척됨에 따라 얼마든지 뒤바뀔 여지가 있다. 조류에게서만 깃털이 나타난 것이 아니며, 새들만 날 수 있었던 것도 아니다. 유일한 차이는 조류만 두 개의 날개로 날았다는 점이다. 이는 진화 과정에 있어 그냥 지나쳐서는 안 될 중요한 변화로 지금부터 그 이유를 살펴보자.

3

새는 어떻게
진화했을까?

누가 하늘을 차지했을까?

처음으로 날게 된 것이 준조류였든 최초의 조류였든, 비행의 발견은 공룡에게 생태적으로나 유전적으로 혁명과도 같은 사건이었다.

공중이라는 세 번째 공간을 차지하게 된 최초의 비행 공룡은 시공간의 활용 가능성을 엄청나게 향상시킬 수 있었다. 당연히 그것은 그들의 생존과 번식에 매우 유리하게 작용했다.

이 나무에서 저 나무로 활공하거나 어디든 날아갈 수 있게 되면서 먹이를 찾거나 둥지로 돌아가는 데 필요한 시간과 이동 거리를 크게 줄일 수 있었다. 다른 서식지를 찾아 나서는 것 또한 용이해졌다. 나아가 전에는 갈 수 없었던 높은 나뭇가지와 절벽, 돌섬까지 이동할 수 있게 되었으므로 겨울을 나기가 훨씬 쉬워졌고, 날아다니는 벌레와 수면의 물고기 등 다양한 먹잇감을 사냥할 수 있게 되었다.

그러나 이동이 자유롭고 먹이와 서식처가 풍부한 이 새로운 생태적 지위에 경쟁자가 없었던 것은 아니다. 이미 오래전에 익룡이 먹이와 보금자리를 찾아 하늘 정복에 나섰기 때문이다.

두 개의 크고 긴 날개를 가진 익룡은 앞발과 뒷발 사이에 펼쳐진 피부막을 날개로 사용했다. 공룡의 사촌뻘인 익룡은 2억 3000만 년 전 트라이아스기부터 하늘을 날아다니기 시작했다. 익룡 중에서 큰 종들은 활공하는 것에 만족했을 것이고 작은 종들은 퍼덕이는 날갯짓도 했을 것으로 짐작할 수 있다. 그런데 익룡은 날개 때문에 땅 위에서 활동하는 데에는 불편함이 있었으므로 공룡들의 영역은 침범하지 않았다. 숲에 모여 살지 않고 큰 육식 공룡을 피해 해안이나 바위가 많은 곳에서 서식했던 것으로 보인다. 경쟁력이 약했으므로 오히려 해안 같은 안전한 거처에서 나는 법을 배웠을 것이다.

깃털이 매우 쓸모 있게 쓰이게 된 뒤로, 최초의 비행 공룡은 자연선택 과정에 의해 비행 능력을 완성한 것으로 보인다. 곧 날게 되면서부터 그들 몸의 구조나 기능의 진화가 더욱 빨라졌다는 것이다.

우리가 앞서 살펴봤듯이 새들은 매우 짧은 시간 안에 두 개

깃털 공룡이 어느 정도 날 수 있게 되자 점점 비행에 적합하게 몸이 진화해 갔다.
비행이 생존과 번식에 유리했기 때문에 자연선택이 작동한 것이다.

의 날개로 퍼덕이며 날 수 있게 되었다. 몇 백만 년 후에는 골격과 두개골이 가벼워지고 뼈로 된 꼬리는 줄어들어서 짧은 미단골이 되었으며 흉근은 더욱 단단해졌다. 그리고 넓은 흉골과 기다란 오탁골° 두 개가 흉근을 떠받치게 되었다. 약 1억 4000만 년 전 배아기 초기에는 날개 근처 공기의 흐름을 조정해 주는 작은 깃털이 날개 앞부분에 생겨나 느린 속도의 비행이 가능해졌다. 그리고 꼬리는 부채꼴 형태가 되어 비행 중 방향 전환이나 착지가 더욱 용이해졌다. 또 발톱이 발달하여 나뭇가지를 잡는 힘이 강해졌다.

날갯짓을 잘하여 지상에서나 공중에서나 민첩하게 행동할 수 있었던 조류는 이내 그 사촌뻘인 네 날개를 가진 준조류의 자리를 대신하게 되었다.

조류가 다양해지기 시작한 건 백악기 초기부터이다. 두 개의 큰 분류군이 발생한 것도 이때이다. 바로 에우오르니테스와 에난티오르니테스가 그것인데, 각각 '진짜 새', '또 다른 새'

• • •

오탁골 척추동물의 흉부를 형성하는 뼈의 하나. 위팔뼈 위쪽 끝의 앞 부분에 있으며, 어깨뼈·빗장뼈와 함께 상지대를 구성한다. 양서류·파충류·조류에서 볼 수 있으며, 포유류에서는 퇴화되어 어깨뼈의 돌기가 되어 있다.

라는 뜻을 가지고 있다.

약 8000만 년 전까지, 즉 백악기 거의 대부분 동안 **에난티오르니테스류**가 공중을 지배했다. 전 세계적으로 기후가 따뜻했고 또 이들의 에너지 필요량이 적었기 때문이다. 이들은 가까운 조상과 마찬가지로 흉골이 짧고 매끈했으며 항온성이었는데, 잘 날았으나 오래 날지는 못했다.

이들은 백악기 초기부터 로라시아 대륙에서 작은 먹이를 잡아먹으며 집단 서식을 했으며, 분화하기 시작한 것도 이때부터였다. 또한 이들은 날아다니는 수목 서식 소형 육식 동물이라는 생태적 지위를 차지했다. 약 1억 2000만 년 전 백악기 초기의 화석 중에 유럽에서 많이 발견된 이베로메소르니스, 콩코르니스, 에오아루라비스 등은 모두 참새만한 작은 종들이다. 반면, 백악기 후기에 살았던 에난티오르니테스류에 속하는 에난티오르니스는 날개를 펼치면 폭이 1미터에 달하는 큰 새였다.

진짜 새로 불리는 **에우오르니테스류**는 등장했을 때부터 비행 능력이 뛰어났는데, 그것은 오로지 유선형 흉곽 덕분이었다. 1억 3000만 년 전부터 미크로랍토르와 함께 중국 북동부에 서식했던 샤오옌지아는 흉골이 아랫배까지 기다랗게 이어져 있었고, 중앙에 격막이 있어 날개 근육을 더 단단히 지탱할 수가 있었다. 즉, 용골돌기를 가지고 있었다. 용골돌기는 새의 가슴뼈에 있는 돌기로, 이 부분에 날개를 움직이는 흉근이 붙어 있다. 그 덕분에 날개 근육이 커질 수 있었을 뿐만 아니라 공기주머니도 발달할 수 있었다. 독특하고도 성능이 좋은 공기주머니는 오늘날의 새들에게까지 이어져 내려오고 있다.

허파와 연결된 공기주머니가 흉곽과 복부에, 그리고 날개 뼈(상박골) 속에까지 뻗어 있어서 숨을 들이마시거나 날개를 들어 올릴 때마다 공기로 채워진다. 공기를 흡입할 수 있는 것도 용골돌기가 있어 가능한 일이다. 공기주머니는 비행을 할 때 날개 근육과 가슴 부위의 과열을 방지하는 역할을 한다.

그러니까 공기주머니의 일차적인 기능은 냉각이다. 그 다음, 숨을 내쉬거나 날개를 내릴 때에 허파로 공기를 내보낸다. 이 독창적인 공기 펌프 덕분에 허파는 한 번 호흡으로 두 번씩 산소를 가득 채울 수 있다. 공기주머니의 발명으로 에우오르니테스류는 호흡 능력이 향상되어서 비행 등의 활동을 훨씬 더 잘할 수 있게 되었다.

공기주머니는 **신진대사**가 증가함으로써 만들어졌다. 신진대사란 시간당 에너지 소비량을 의미한다. 조류는 미지근한 체온에서 현생 조류와 같은 항온성으로 변해 갔다. 원시 조류와 에난티오르니테스의 뼈 화석 조직을 검사해 보니, 겨울에는 성장 속도와 활동성이 떨어지고 체온도 떨어졌음을 알 수 있었다.

이것은 그들이 부분적으로만 내부 열 방식*으로 열을 내고 있었음을 나타낸다.

반면, 에우오르니테스류는 진정한 항온 동물이었다. 그들의 체온은 외부 기온과 관계없이 일 년 내내 일정하게 유지되었다. 에우오르니테스류는 신진대사의 증가로 에너지를 많이 낼 수 있게 되었는데도 지구 생물권 정복에 나서는 것은 상당히 늦추어졌다. 특히 에난티오르니테스가 차지했던 생태적 지위, 즉 날아다니는 소형 육식 동물 자리를 빼앗는 것이 의외로 늦었다.

왜 그렇게 되었을까? 아마도 신진대사 증가와 근력 강화뿐만 아니라 그와 동시에 수많은 기관들이 점진적으로 발달하는 것이 필요했기 때문일 것이다. 공기주머니가 생김으로써 호흡 기계가 완성되었다는 것은 허파가 관 구조로 바뀌었다는 것을 의미한다. 관 구조의 허파는 들숨과 날숨에서 모두 산소를 공급받을 수 있게 한다.

● ● ●

내부 열 방식 조류와 포유류 같은 항온 동물은 먹이로 섭취한 에너지를 열로 바꾸는데 이를 내부 열 방식이라 한다. 한편 도마뱀이나 뱀 같은 변온 동물이 체온을 일정하게 유지하기 위해서 낮에 양지와 음지를 들어갔다 나왔다 하는 방법 등을 외부 열 방식이라 부른다.

현생 조류는 이러한 독특하고도 효율적인 관 구조의 허파를 물려받았다. 특히 타조와 제비에게서 그 특징이 두드러지게 나타난다. 또 증가한 에너지 필요량을 확보하기 위해서는 먹잇감을 찾아내는 데 필요한 좋은 시력을 갖추어야 했을 것이고, 방향 감각이 더 발달해야 했을 것이다. 그뿐만 아니라 위장과 모래주머니 같은 소화 기관도 상당히 강해져야 했을 것이다. 그런데 이러한 발달은 하루아침에 이루어지는 것이 아니었다.

어찌 됐건 항온 동물은 크기가 작아질수록 체중에 비해 상대적으로 많은 양을 먹어야만 한다는 사실을 감안하면, 최초의 에우오르니테스의 진화 방향은 아주 많이 먹는 작은 종이 아니라 중대형 포식자의 생태적 지위를 차지하는 것이었음을 짐작할 수 있다. 날아다니냐 그렇지 않느냐는 중요하지 않았다.

에우오르니테스류에서 최초로 분화해 나온 분류군은 물고기를 잡아먹고 사는 육식 비행 동물의 자리를 놓고 익룡과 경쟁을 해야 했다. 이들은 그 경쟁에서 승리하기 위해 나는 것을 포기해야 했다. 그렇게 해서 날개 없는 해양 조류가 생기게 된 것이다.

해거름새라고도 불리는 **헤스페로르니스**는 키가 1.5미터 정도로 오늘날의 펭귄과 약간 비슷했다. 그러나 날개가 불완전했고 기다란 부리 속에 이빨이 있었다. 민첩하고 빠른 이 새들은 익룡, 이크티스사우루스(어룡류), 기타 해양 파충류 등 물고기를 잡아먹는 다른 동물들과 경쟁하여 승리를 거두었다. 그리하여 백악기인 9000만 년 전부터 6500만 년 전까지 모든 대륙의 해안을 지배했다.

헤스페로르니스 이후 몇 백만 년이 지난 뒤에 에우오르니테스류의 두 번째 계통군이 등장하여 이번에는 날기를 포기하지 않고 바다 정복에 나섰다. 바로 **이크티오르니스**였다. 이들은 펠리컨과 비슷하게 생긴 새로, 물고기를 잡아먹었으며 부리는 길고 부리 속에 이빨이 있었다.

그러나 이들은 오랜 기간 존속하지는 못하고 약 8000만 년 전에 멸종했다. 감각이 예민하고 에너지가 넘치는 새로운 바닷새에게 자리를 넘겨주었던 것이다. 그 새로운 바닷새들은 오늘날의 가마우지와 갈매기 같은 섬새들의 조상이 되었다.

현생 조류는 어떻게 적응에 성공했을까?

약 8000만 년 전 백악기 후기에 에우오르니테스에 가까운 두 개의 분류군이 또 등장했다.

먼저 현생 조류라고 불리는 **신조아강**이 그중 하나다. 중간 크기의 이 새들은 매우 잘 날았다. 이들은 잘 발달한 가슴뼈를 가지고 있었는데, 이는 곧 흉근과 호흡 능력이 발달했음을 의미한다. 또 뛰어난 소화 기관을 가지고 있었으며 이빨이 사라져 버려서 부리는 더 가벼워졌고, 따라서 먹이를 좀 더 날쌔게 잡을 수 있었다. 이빨이 없는 부리는 그다지 새로운 것이 아니었다.

왜냐하면 백악기 초기의 콘푸키우소르니스 같은 원시 조류 중 일부가 이미 수천만 년 전에 이빨이 있는 무거운 턱 대신에 부리를 가지고 있었기 때문이다.

에우오르니테스에 가까운 두 개의 분류군 중 다른 하나는 **치조상목**이다. 치조는 이빨이 있는 새라는 뜻이다. 이 계통군은 백악기 후기의 들판에서 곡식을 먹는 꽤 큰 크기의 종들로 구성되어 있었다. 부리에는 여러 개의 뼈가 나 있어서 그들 조상의 부리와 비슷했다. 완전한 초식성이었던 초기 치조는 날기도 하고 걸어 다니기도 했다.

또 다른 분류군인 **신조상목**은 이미 여러 갈래로 나뉘어 있었다. 곡식을 먹는 종과 벌레를 먹는 종, 물고기를 먹는 종이 있었고 크기도 다양했다. 이들은 모두 조상이나 가까운 친척의 부리보다 더 단단하고 단순한 형태의 현대식 부리를 가지고 있었다. 그리고 그들 대부분은 신진대사가 더 원활하게 이루어졌기 때문에 비행 능력이 월등했으며 뇌도 컸다. 이것은 헤모글로빈이 유리한 쪽으로 돌연변이를 일으킨 덕분이다.

헤모글로빈은 혈액 단백질을 말하는데, 허파의 산소와 결합하여 다른 내장 기관들로 산소를 운반하는 역할을 한다. 신조상목의 헤모글로빈은 뇌와 근육 등으로 산소를 운반하는 능력과 산소 결합력이 훨씬 뛰어났다.

물론 헤모글로빈은 화석으로 남지 않는다. 이러한 유리한 돌연변이가 최초의 신조에게서 시작되었다고 보는 것은 현재 이 그룹을 대표하는 현생 조류에게 이러한 특징이 나타나기 때문이다.

예를 들면 칼새[*]나 기러기가 이에 속한다. 이 새들은 공기가 희박한 곳, 즉 높은 곳에서 멀리 이동하는 것으로 유명하다. 이 새들이 이동하는 높이에서는 산소압이 바다 위보다 3분의 1 정도 낮아지기도 한다.

따라서 이들은 사촌격인 치조보다 먹이를 잡고 공기 중의

• • •

칼새 제비와 비슷한 새로, 날개 길이가 18센티미터가량 된다. 네 발가락이 모두 앞쪽을 향한 것이 특징이며 날개가 길고 뾰족한 칼 모양이다. 해안이나 높은 산에 산다.

산소를 흡수하는 능력이 뛰어났으며, 그로 인해 더 활발하게 움직이고 더 많은 에너지를 쓸 수 있었다. 또 이렇게 에너지를 많이 낼 수 있게 된 것은 번식과 비행 능력, 신경계 발달에 커다란 영향을 미쳤다.

뛰어난 시력과 방향 감각 덕분에 오랫동안 잘 날 수 있게 되면서 초기 신조는 바다와 대륙 연안 정복에 박차를 가했다. 약 7500만 년 전 백악기 후기에 최초의 섭금류°와 왜가리, 아비, 그리고 오늘날 바닷가와 호수에 사는 새들이 모두 나타났다.

개방된 평지에 서식한 최초의 닭은 치조류와 경쟁하게 되었다. 치조는 최초의 닭과 비슷한 습성을 지니고 있었으나 닭만큼 에너지를 내지 못했다. 숲 속에서는 단단한 부리로 곤충을 잡아먹는 매우 활동적인 작은 종들이 에난티오르니테스에게 대항하게 되었다.

약 6500만 년 전인 백악기 말, 신조는 거의 모든 곳에서 번성하기 시작했다. 그 당시 인도에서는 거대한 화산 분출이 일

●　●　●

섭금류 조류를 생활형에 따라 여덟 부류로 나눈 것 중의 한 집단. 황새목 · 두루미목 · 도요목이 이에 속한다. 부리가 가늘고 길고 곧으며 다리와 발가락이 유별나게 길며 물갈퀴는 발달되어 있지 않다. 날개는 강하고 크다.

어나 아시아 전역에 영향을 미쳤다. 분출 시에는 대기가 불투명하면서 차가워지고 휴식 시에는 온실 효과로 인해 대기가 가열되는 상황이 되풀이된 것이다. 이 자연재해는 수만 년간 이어졌을 것으로 짐작된다. 게다가 지름이 10킬로미터에 달하는 운석이 멕시코 만에 떨어지면서 지구 전체는 엄청난 먼지로 뒤덮이게 되었다.

전체 종의 10퍼센트만이 이러한 재앙 속에서 살아남을 수 있었다. 바다와 연안 지방에서는 여러 계통의 동물들과 더불어 플레시오사우루스와 모사사우루스 같은 해양 파충류가 멸종했다. 또 익룡류와 헤스페로르니스도 멸종했다. 대륙에서는 날지 못하는 공룡들이 모두 사라졌으며, 에난티오르니테스도 예외가 될 수는 없었다. 오로지 공룡의 후손으로는 현생 조류인 신조아강 몇 십 종만이 살아남았다.

생존한 종들은 대부분 비둘기보다 큰, 현대식 부리를 가진 새들이었다. 이들 중 추위에 매우 민감한 작은 종들은 전멸했고 오로지 치조상목의 두 분류군만이 미미하게나마 그 명맥을 유지하여 제3기에 이를 수 있었다.

그렇다면 신조상목은 어떻게 백악기 말의 멸종 위기 속에서 그토록 많이 살아남을 수 있었을까?

재해가 발생하기 전 크게 번성하고 있어서 개체 수가 매우 많았다는 것도 한 가지 요인이다. 그러나 더 큰 원인은 아마도 그들의 활동성과 높은 지능에 있었을 것이다. 그들은 비행 능력이 뛰어났고 예민한 감각을 가지고 있었으며 번식력도 뛰어났다. 그래서 멀리까지 빠르게 이동하여 먹이를 찾거나 짝짓기 상대를 찾아 자손을 남길 수 있있다. 즉 신조상목은 그 시대의 다른 조류나 파충류보다 훨씬 유리한 생존 조건을 가지고 있었던 것이다.

제3기 초부터 현대식 부리를 지닌 조류는 **적응 방산**°했다. 즉 빠른 속도로 분화 발전하기 시작했다. 6000만 년 전 경에는 나무숲에 서식하는 작은 종들이 새로 생겨났는데, 뻐꾸기류와 앵무류, 딱따구리류, 참새류 등이 여기에 속한다. 이 마지막 분류군은 오늘날 5200종에 이르며, 현생 조류의 60퍼센트를 차지한다.

신조상목은거의 9000여 종을 포함하며, 모든 조류 종의 99.4퍼센트를 차지한다. 새로운 조류라는 뜻의 신조는 이름과 달리 진정한 현생 조류인 셈이다.

● ● ●

적응 방산 같은 종류의 생물이 여러 환경애 적응, 진화하고 분화하여 비교적 짧은 시간 안에 다수의 다른 계통으로 갈라지는 현상을 말한다.

4

오늘날의 새들은
어떻게 살고 있을까?

어느 새가 살아남았을까?

현대식 부리를 가진 조류는 제3기에 들어 매우 다양하게 분화했고 모든 종류의 생태적 지위를 차지하게 되었다. 새의 생활 습성은 날개의 모양과 그 쓰임새를 보면 알 수 있다.

칼새들은 날아다니면서 곤충을 잡아먹으며, 둥지를 지을 때 말고는 잠시도 날기를 멈추지 않는다. 칼새들의 날개는 좁다랗고 뾰족하고 휘어져 있어서 매우 빠르게 날 수 있고 공중에서 갖가지 묘기를 부리며 날아도 지치지 않는다.

종자를 먹고 사는 자고새는 그와 반대로 위험에 처해 달아날 때를 제외하고는 날지 않는다. 그래서 날개가 짧다.

지상에서도 공중에서도 민첩한 울새와 푸른날개명금은 통통하고 커다란 날개로 나뭇잎 사이를 헤치며 곤충을 잡아먹는

새들의 날개는 생활 습성에 따라 그 모양도 쓰임새도 각각 다르다.
칼새의 날개는 좁고 뾰족하고, 몸이 무거운 맹금류의 날개는 길고 크다.
펭귄은 잠수하는 데 날개를 사용한다.

다. 그러나 비행에 에너지가 많이 소모되므로 자주 휴식을 취해야 한다. 만일 원거리 이동을 하려면 에너지를 많이 비축해야 한다.

무게가 꽤 나가는 맹금류*와 황새류는 날개가 길고 넓다. 이 새들은 에너지 소모를 줄이기 위해 먼저 따뜻한 상승 기류를 이용하여 높이 올라간 다음 날갯짓을 시작한다.

잠수를 잘하여 물고기를 먹고 사는 펭귄은 날개를 지느러미와 맞바꿨다.

힘이 훨씬 세고 영리한 신조에 밀린 치조는 제3기에는 변두리에서 서식하게 되었다. 살아남은 두 개의 분류군 중 하나인 리토르니스는 금세 멸종했고, 나머지 하나는 또 다른 두 개의 분류군을 발생시켰다. 바로 **티나무***와 **주금류***로, 이 새들은 통통해서 잘 날지 못하며 곡식이나 꽃과 곤충을 먹고 살았다. 티나무는 자고새와 비슷하게 생긴 새로, 오늘날 30여 종이 남아

● ● ●

맹금류 육식성 조류를 말한다. 매목과 올빼미목으로 나뉜다.
티나무 중남미 산의 메추라기 비슷한 새이다.
주금류 날개가 퇴화하여 나는 힘이 없고 지상에서 생활하기에 알맞은 튼튼한 다리를 가진 새의 총칭. 주조류(走鳥類)라고도 한다. 중형인 것부터 거대한 것까지 여러 종류가 있다. 현생 종은 타조와 레아, 에뮤, 화식조, 키위새 등이 있다.

메리카에 서식하고 있다. 주금류는 대륙과 섬에서 대형 육상 초식 동물의 생태적 지위를 차지하기 위해 일찌감치 나는 것을 포기했다. 그리하여 이 새들의 날개는 5000만 년 넘게 타조처럼 알을 보호하거나 구애 행동을 하는 데에만 사용되었다. 키위새의 날개처럼 아무 용도로도 사용하지 않는 경우도 있다.

새들은 바다 위를 날아서 섬까지 갈 수 있으므로 제3기 동안 섬에는 많은 바닷새 외에 산새와 물새, 들새 들이 모여들었다. 주금류가 날아서 섬으로 이주한 것은 약 5500만 년 전이었다. 섬에서는 육상 육식 동물의 공격을 걱정할 필요가 없었고, 결국 이 시기에 대부분의 새들은 방어 능력을 잃어버렸다. 특히 대형 육상 척추동물에 대한 경계심이 사라져 버렸다.

나무 위에 사는 조류와 바닷새에게는 필수적이었던 날개가 물새와 들새에게는 불필요해졌다. 주금류를 포함하여 비둘기와 뜸부기, 쇠물닭, 오리 등이 이 경우에 속한다.

대륙에서 멀리 떨어진 섬, 예를 들어 폴리네시아와 같은 지역에서는 나무에 사는 종들이 개척할 만한 장소가 주변에 없었으므로 넓은 지역으로 퍼지지 못했다.

섬은 이동하지 않고 공간이 많이 필요하지 않은 종들의 온상지였다. 제3기 초기부터 섬들에는 바닷새 외에 그 지역 특유의 새들이 수천 종 생겨났다. 이들은 대부분 잘 날지 못하거나 아예 날개가 없었다.

점차 인간이 섬으로 이주하고 인간과 함께 온 개와 돼지, 쥐 등 네발동물이 섬을 차지하게 되면서 지난 3만 년간 섬새들은 크게 줄었다. 바닷새는 개체 수가 많았고 또 날아서 이동할 수 있었으므로 무인도나 사람이 접근할 수 없는 작은 섬으로 보금 자리를 옮겨 살아남을 수 있었다. 반면, 날지 못하고 방어 능력 도 없는 섬새들은 그 위기를 넘기지 못했다. 공격하지도 도망 가지도 않는 주금류는 좋은 사냥감이었던 것이다.

결국 뉴질랜드의 모아새˚를 비롯한 뚱뚱한 주금류는 대부분 자취를 감추게 되었다. 오늘날 남아 있는 주금류는 10종으로 그중 화식조˚ 3종과 키위새 3종 등 총 6종만이 섬에서 살고 있 다. 수뜸부기과와 오리과, 비둘기과의 새들은 수천 종씩 멸종 했는데, 이 사실은 1990년대 중반이 될 때까지 제대로 알려지 지도 않았다.

• • •

모아새 뉴질랜드에 살았던 날개가 없는 대형 새. 현재는 멸종되었는데 20여 종이 있었던 것으로 추정된다. 모양은 타조를 닮았고, 대형인 것은 크기가 3.6미터나 되었다.
화식조 오스트레일리아 북동부 등지에 사는 새. 목 뒤에 드러난 붉은 색 맨살 때 문에 불덩이를 먹는 새라는 이름이 붙여졌다. 키는 1.5미터 정도이며 깃털은 검은 색이다. 날개는 퇴화했으며 꽁지깃도 없다.

날개를 가진 대부분 육지 새들은 섬새들보다 방어 능력이 뛰어나지만, 오늘날에는 사냥과 서식지 파괴로 인해 생존에 위협을 받고 있다. 인간들의 자연 파괴는 너무 급속하고 광범위해서 새들이 쉽게 적응할 수 없도록 하고 있다. 따라서 이제 인간은 다른 종들이 살 공간을 잘 보호하고 보존하여 지구상에서 더불어 사는 법을 모색해야만 한다.

더 읽어 볼 책들

- 이융남, 『**공룡학자 이융남 박사의 공룡 대탐험**』(창비, 2000).

- 스티븐 제이 굴드, 이명희 옮김, 『**풀하우스** 』(사이언스북스, 2002).

옮긴이 | 정은비

한국외국어대 불어과를 졸업했으며, 파리 소르본 대학에서 유학했다. 현재 전문 번역가로 활동 중이다.

민음 바칼로레아 48

새는 왜 날개를 가지고 있을까?

2판 1쇄 펴냄 2021년 3월 30일
2판 5쇄 펴냄 2024년 8월 8일

1판 1쇄 펴냄 2006년 9월 25일

지은이 | 안느 테세드르
감수자 | 민미숙
옮긴이 | 정은비
발행인 | 박근섭
펴낸곳 | ㈜민음인

출판등록 | 2009. 10. 8 (제2009-000273호)
주소 | 06027 서울 강남구 도산대로 1길 62 강남출판문화센터 5층
전화 | **영업부** 515-2000 **편집부** 3446-8774 **팩시밀리** 515-2007
홈페이지 | minumin.minumsa.com

도서 파본 등의 이유로 반송이 필요할 경우에는 구매처에서 교환하시고
출판사 교환이 필요할 경우에는 아래 주소로 반송 사유를 적어 도서와 함께 보내주세요.
06027 서울 강남구 도산대로 1길 62 강남출판문화센터 6층 민음인 마케팅부